,

Obra editada en colaboración con Ediciones Planeta Madrid, S.A. – España

Diseño de portada: Morato + Infinito
Fotografía del autor: © Nines Mínguez
Diseño e ilustraciones de interior: Morato + Infinito, Andrés Menchén

© 2014, El Rubius, por el texto
© 2014, Ediciones Planeta Madrid, S.A. – Madrid, España.
Ediciones Temas de Hoy, es un sello editorial de Ediciones Planeta Madrid, S.A.

Derechos reservados

© 2014, Editorial Planeta Mexicana, S.A. de C.V.
Bajo el sello editorial TEMAS DE HOY M.R.
Avenida Presidente Masarik núm. 111, Piso 2
Colonia Polanco V Sección
Deleg. Miguel Hidalgo
C.P. 11560, Ciudad de México
www.planetadelibros.com.mx

Primera edición impresa en España: mayo de 2014
ISBN: 978-84-9998-319-6

Primera edición impresa en México: agosto de 2014
Décima tercera reimpresión: junio de 2016
ISBN: 978-607-07-2303-2

No se permite la reproducción total o parcial de este libro ni su incorporación a un sistema informático, ni su transmisión en cualquier forma o por cualquier medio, sea éste electrónico, mecánico, por fotocopia, por grabación u otros métodos, sin el permiso previo y por escrito de los titulares del *copyright*.
La infracción de los derechos mencionados puede ser constitutiva de delito contra la propiedad intelectual (Arts. 229 y siguientes de la Ley Federal de Derechos de Autor y Arts. 424 y siguientes del Código Penal).

Impreso en los talleres de Diversidad Gráfica, S.A. de C.V.
Priv. de Av. 11 # 4-5, colonia El Vergel, Ciudad de México
Impreso en México – *Printed in Mexico*

MUY BUENAS, CRIATURITAS DEL SEÑOR
(O HUMANOS NORMALES QUE ESTÉN LEYENDO ESTO).

¡ESTE ES MI LIBRO! SÍ, AHORA TAMBIÉN HAGO LIBROS, LOL, PERO ESTE ES DISTINTO AL RESTO. NO VOY A CONTAR NADA DE MI VIDA, NI ME VOY A INVENTAR UNA HISTORIA DE LA EDAD MEDIA LLENA DE PONIS Y ELFOS. ESTO, MÁS QUE UN LIBRO, ES UN JUEGO QUE SE ME HA OCURRIDO INSPIRÁNDOME EN TODO LO QUE HE APRENDIDO ESTOS ÚLTIMOS AÑOS EN INTERNET.

GRACIAS AL ESFUERZO DE MUCHAS PERSONAS DE LA EDITORIAL, Y A OTRAS MUY AMABLES QUE HAN TRABAJADO DURO PARA SACAR EL LIBRO ADELANTE, HA SIDO POSIBLE TRAERLES ESTA IDEA DE MANERA ¡AWESOME! ASÍ QUE DISFRUTEN DEL JUEGO, Y SUERTE... ¡LA VAN A NECESITAR!:D

ANTES DE EMPEZAR, QUIERO AGRADECER TAMBIÉN AL PADRINO, A MI MAGNÍFICA MADRE, A MANGEL, A LA SEÑORA J., A KERI SMITH Y A NICOLAS CAGE POR SU CONFIANZA Y POR APORTAR IDEAS E INSPIRARME A LA HORA DE HACER ESTO.

Y, POR SUPUESTO, A USTEDES, POR EL APOYO ANAL. THX!:).

¡¡¡IMPORTANTE!!!

INSTRUCCIONES DE USO

TE AVISO QUE ESTE LIBRO VA A ACABAR MUY, MUY, MUY MAL. LO MALTRATARÁS, LO QUEMARÁS, LO MACHACARÁS Y LO LLENARÁS DE COSAS ASQUEROSAS. DE ESO SE TRATA :P

AQUÍ DEMOSTRARÁS LO TROLL (Y RETARD) QUE PUEDES LLEGAR A SER. HABRÁ MUCHOS RETOS Y SERÁ UN LARGO CAMINO, PERO, PARA QUE NO TE SIENTAS SOLO/A, COMPARTIREMOS ONLINE TODOS LOS QUE VAYAS COMPLETANDO (Y DEMOSTRAREMOS ABIERTAMENTE NUESTRO NIVEL DE RETARDISMO). USA EL # DE CADA PÁGINA Y APROVECHA PARA TOMAR FOTOS, HACER VIDEOS Y TODO LO QUE QUIERAS, Y CONTÁRSELO AL MUNDO.

INSTRUMENTOS IMPRESCINDIBLES:

TELÉFONO CELULAR/COMPUTADORA/ALGO PARA TOMAR FOTOS...

ÚTILES PARA DIBUJAR

TIJERAS

PEGAMENTO

TIEMPO LIBRE/IMAGINACIÓN/UN POQUITO DE MALICIA Y OTRO POQUITO DE AMOR

TODAS LAS ACTIVIDADES INCLUYEN UN MEDIDOR DE KARMA.

Cada reto puede sumar o restar; todos valen un punto, salvo que te indique otra cosa. **El juez eres tú mismo,** así que nadie se va a enterar si haces trampa... Al final de cada página encontrarás un meme feliz y otro triste. Cuando logres realizar lo que te propongo, anota el/los puntos que correspondan en la casilla del troll o, en caso contrario, pon una cruz en la otra. El recuento final te permitirá saber si eres un troll o un chillón.

EL QUE CONSIGA
MENOS DE 20 PUNTOS
CHILLÓN

ENTRE 20 Y 39 PUNTOS
DEL MONTÓN

ENTRE 40 Y 59 PUNTOS
APRENDIZ DE TROLL

ENTRE 60 Y 99
TROLL

Y, POR ÚLTIMO, EL
QUE CONSIGA LOS 100 PUNTOS
¡EPIC TROLL!

SI QUIERES CONOCER A ELRUBIUS, ENTRA EN

 TEMASDEHOY    TEMASDEHOY

DIBÚJALE UNA CARA A UN PLÁTANO

Y LLÉVALO A TODOS LADOS DURANTE 24 HORAS. AL FINAL TIENES QUE COMÉRTELO.

NORMAS: TIENE QUE ESTAR A TU LADO EN TODO MOMENTO Y BAÑARSE, DORMIR CONTIGO, ETC. SI LO SACAS A LA CALLE, TIENE QUE ESTAR VISIBLE SIEMPRE.

#RETOTROLL #RETO1

SR. BANANO →

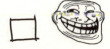

ENTRA AL SALÓN CUANDO HAYA ALGUIEN,

ENCIENDE Y APAGA LA LUZ CINCO VECES Y DESAPARECE SIN DECIR NADA.

GRABA LA REACCIÓN Y ESCRIBE QUÉ DIJERON.

#RETOTROLL   #RETO2

_____
_____
_____
_____
_____
_____
_____
_____
_____
_____
_____
_____
_____

↑
LÍNEAS DE AYUDA PARA QUE NO TE VAYAS CHUECO

PLANTA AQUÍ LA PATA DE TU
MASCOTA MOJADA EN PINTURA

$\longrightarrow$

SI NO TIENES, MÓJATE LA PUNTA DE LA NARIZ Y PRESIÓNALA CONTRA LA HOJA.

#RETOTROLL #RETO3

FASHION VICTIM

DIBÚJATE A TI MISMO DEBAJO DE LOS LENTES DE REJILLA.

$\longrightarrow$

#RETOTROLL #RETO4

SAL A BUSCAR UNA FLOR A LA CALLE

Y CORTA LA MÁS BONITA QUE VEAS.

#RETOTROLL   #RETO5

COLÓCALA EN ESTA PÁGINA Y OBSERVA LO MARAVILLOSA QUE ES DURANTE DIEZ SEGUNDOS. DESPUÉS ELIGE SI TE LA QUEDAS O LA TIRAS A LA TAZA DE BAÑO, Y NO TE OLVIDES DE COMUNICARME TU DECISIÓN.

(ESTO TE DA DOBLE PUNTUACIÓN SÍ O SÍ)

PON TU
TWITTER
EN ESTA HOJA ⟶

Y DÁSELA A ALGUIEN QUE TE GUSTE FÍSICAMENTE.

#RETOTROLL   #RETO6

SI TE MANDA UN TWEET, ESCRÍBELO EN ESTA PÁGINA Y AGRADÉCEMELO MÁS TARDE.

_____

_____

_____

_____

_____

_____

_____

_____

↑
LÍNEAS DE AYUDA PARA QUE NO TE VAYAS CHUECO

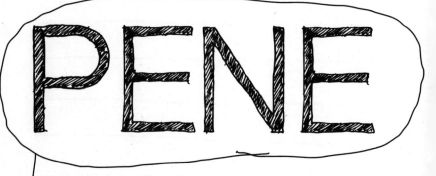

#RETOTROLL   #RETO7

DA VUELTAS EN CÍRCULO

Y, CUANDO YA ESTÉS MAREADO, INTENTA DIBUJAR UN POKEMON EN LA SIGUIENTE PÁGINA.

→

#RETOTROLL   #RETO8

DRAW YOUR DAY

DIBUJA AQUÍ, AL TERMINAR EL DÍA, LO QUE TE HA PASADO. TWITTEA LA IMAGEN CON EL RESULTADO.

#RETOTROLL   #RETO9

REPRESENTA EN VIÑETAS LAS MANERAS DE MATAR A FLAPPY BIRD

#RETOTROLL #RETO10

A CONTINUACIÓN, TOMA LA FOTO, ENVÍASELA A TUS COLEGAS Y ESCRIBE SUS NOMBRES JUNTO AL DIBUJO.

_____

_____

_____

LÍNEAS DE AYUDA PARA QUE NO TE VAYAS CHUECO

MEJOR AÚN, AGARRA ESTA PÁGINA, ARRÁNCALA Y QUÉMALA.

⎯⎯⎯⎯⎯⎯⎯⎯⎯→

¡DESTRUYE A ESTE **MADAFACKA**!

#RETOTROLL #RETO11

¡¡¡ESTA NO!!!

LA ANTERIOR...

←————————

☐  ☐

PONTE UN **CALZONCILLO** O **BRAGA** POR FUERA DE LOS PANTALONES, UN COLADOR EN LA CABEZA E INTENTA AYUDAR A UNA VIEJECITA A CRUZAR LA CALLE.

GRABA LAS REACCIONES DE LA GENTE.

#RETOTROLL #RETO12

sigue sigue

NO PARES

aaahhh

uuuhhh

así así

uuuhhh

ooohhh

ENTRA EN **CHATROULETTE,** GRÁBATE EMITIENDO UN JADEO ORGÁSMICO ANTE CINCO PERSONAS.

aaahhh

así así

aaahhh

NO PARES

sigue sigue

ooohhh

#RETOTROLL #RETO13

ESCRIBE EN ESTA HOJA DE QUÉ PAÍSES PROCEDEN.

_____
_____
_____
_____
_____
_____

RECORTA ESTAS CARAS DE
DOGE
→

Y COLÓCALAS SOBRE LAS DE FAMOSOS QUE SALGAN EN PERIÓDICOS, REVISTAS, ETC.

RECORTA EL RESULTADO Y PÉGALO EN ESTA PÁGINA.
TOMA LUEGO UNA FOTO Y TWITTÉALA.

REPITE LA OPERACIÓN CON
NICOLAS CAGE

→

#RETOTROLL   #RETO15

RECORTA EL RESULTADO Y PÉGALO EN ESTA PÁGINA.
TOMA LUEGO UNA FOTO Y TWITTÉALA.

EMPIEZA A HABLAR CON ALGUIEN QUE TENGAS CERCA E INTERCALA CADA TRES SEGUNDOS UN

DESPUÉS CONTINÚA LA CONVERSACIÓN COMO SI NO PASARA NADA.

#RETOTROLL #RETO16

DESCRIBE AQUÍ LA CARA QUE PONE.

_____
_____
_____
_____
_____
_____
_____
_____
_____
_____
_____

↑
LÍNEAS DE AYUDA PARA QUE NO TE VAYAS CHUECO

☐    ☐

FOTOS EPIC & FAIL

PEGA UNA DE TUS MEJORES FOTOS EN ESTA PÁGINA
Y UNA DE LAS PEORES EN LA SIGUIENTE.

#RETOTROLL   #RETO17

TOMA UNA FOTO Y TWITTEA EL RESULTADO.

AL DESPERTARTE POR LA MAÑANA,

GRITA

¡¡¡GOOOL!!!

POR TODA LA CASA Y EXPRESA TU ALEGRÍA CON UN DIBUJO.

→

#RETOTROLL #RETO18

☐    ☐

ENTRA AL CLEVERBOT
Y HAZ QUE EL BOT TE QUIERA

#RETOTROLL #RETO19

EL RETO
DEL DESAYUNO

COMBINA LOS SIGUIENTES INGREDIENTES:

CANELA ← ¡OMG!
CACAO
LECHE
CEREALES
GALLETAS
ZUMO DE NARANJA
MA**G**DALENAS
PIMIENTA
CAFÉ

#RETOTROLL #RETO20

MÓJATE LOS LABIOS Y TOMA UNA FOTO
DE LA CARA QUE PONES.

TÁPATE CADA OREJA CON UNA REBANADA DE PAN DE HAMBURGUESA.

PON CARA DE TORTITA DE CARNE MOLIDA.

TOMA UNA FOTO Y TWITTÉALA.

#RETOTROLL #RETO21

sigue sigue

DAME MÁS

uuuhhh   aaahhh

ooohhh

uuuhhh   así así

VE AL **CINE** Y, CUANDO ACABEN LOS ANUNCIOS Y EMPIECE LA PELÍCULA, COMIENZA A **GEMIR**

aaahhh   SIIIIII

¿ya te veniste?

así así   aaahhh

NO PARES   sigue sigue   ooohhh

#RETOTROLL #RETO22

PEGA AQUÍ EL BOLETO Y DESCRIBE TU CARA DE PLACER PARA QUE NO TE OLVIDES DE ESTE DÍA.

↑
LÍNEAS DE AYUDA PARA QUE NO TE VAYAS CHUECO

EL MOSTACHO ES DE MACHO

RECORTA ESTOS Y PÉGALOS SOBRE LA PANTALLA DE TU COMPUTADORA, MIENTRAS VES CUALQUIER PELÍCULA DE NICOLAS CAGE.

⟶

#RETOTROLL #RETO23

¡¡¡ESTA NO VALE!!!

¡YA LO TIENE!

SI CONSIGUES QUE COINCIDAN CON SU CARA, TOMA UNA FOTO.

VE A UNA TIENDA Y, CUANDO LA CAJERA TE VAYA A COBRAR, DEJA LO QUE HAYAS JUNTADO Y

SAL CORRIENDO Y GRITANDO SIN PAGAR

#RETOTROLL #RETO24

CUENTA AQUÍ LO QUE PASÓ.

_____

_____

_____

_____

_____

_____

_____

_____

_____

_____

_____

↑
SIGUEN SIENDO DE AYUDA, COMO AL PRINCIPIO...

(ESTO TE DA DOBLE PUNTUACIÓN)

ENTRA EN UN JUEGO **ONLINE** Y EMPIEZA A *GEMIR* COMO UN ANIMAL EN CELO

SÍ, OTRA VEZ

#RETOTROLL   #RETO25

ESCRIBE AQUÍ Y TWITTEA LUEGO LAS DISTINTAS REACCIONES.

↑
A ESTAS ALTURAS NO DEBERÍAS IRTE CHUECO, PERO POR SI ACASO...

HAZ UNA OBRA DE ARTE CON
CHICLES
O CUALQUIER OTRA COSA QUE TENGAS CERCA.

#RETOTROLL   #RETO26

TOMA UNA FOTO Y MÁNDALA.

HAZTE PASAR POR
GANGOSO
Y TARTAMUDO;
PARA A ALGUIEN EN LA CALLE Y PÍDELE LA HORA
O QUE TE INDIQUE DÓNDE ESTÁ UNA CALLE.

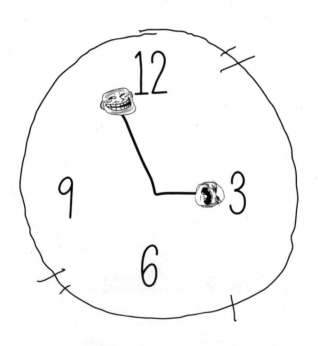

#RETOTROLL #RETO27

DESCRIBE CÓMO SE COMPORTA.

_____
_____
_____
_____
_____
_____
_____
_____
_____
_____
_____
_____

VE A COMPRAR EL PAN CON EL PELO
ENJABONADO
Y CON UNA BARBA HECHA DE
ESPUMA PARA RASURAR

#RETOTROLL #RETO28

TOMA UNA SALCHICHA

U OTRO ALIMENTO QUE TENGAS EN CASA, PONLE UNA CORREA Y PASÉALO POR EL

CENTRO COMERCIAL

ES UNA SALCHICHA ¡¡¡NO UN PENE!!!
A NO SER QUE...

#RETOTROLL   #RETO29

COMENTA AQUÍ LO QUE DIJO LA GENTE CON LA QUE TE CRUZASTE.

_____

_____

_____

_____

_____

_____

_____

_____

_____

_____

_____

_____
                                    ↑
                              NO TE DIGO NADA

☐   ☐

PREGUNTA A ALGUIEN DÓNDE ESTÁ LA
CALLE TRES(PENES)

¿¿¿OTRA VEZ???
¿¿¿EN SERIO???

ENTRA EN
WOW

QUÍTATE ALGO DE ROPA, VE A LA CIUDAD PRINCIPAL Y PONTE A BAILAR MIENTRAS PIDES ORO.

#RETOTROLL #RETO31

GRABA LAS REACCIONES DE LA GENTE.

AHORA, HAZ LO MISMO PERO EN LA **VIDA REAL**

#RETOTROLL #RETO33

DIBUJA LA CARA QUE PONE.

INVENTA UNA CANCIÓN CON LAS SIGUIENTES PALABRAS:

TRACTORES
COSECHADORAS
EMPACADORAS

ESCRIBE LA LETRA EN LA SIGUIENTE PÁGINA.

⟶

#RETOTROLL   #RETO34

_____
_____
_____
_____
_____
_____
_____
_____
_____
_____
_____
_____

RESTRIÉGATE UNA PORCIÓN DE **PASTEL** POR LA CARA Y DEJA LA MARCA EN ESTE LIBRO.

#RETOTROLL #RETO35

#RETOTROLL   #RETO36

_____

_____

_____

_____

_____

_____

_____

_____

_____

_____

_____

_____

_____

#RETOTROLL   #RETO037

ESCRIBE SU REACCIÓN EN EL LIBRO.

_____

_____

_____

_____

_____

_____

_____

_____

_____

_____

_____

_____

☐    ☐

UNA NOCHE QUE TUS PADRES O TU COMPAÑERO DE CUARTO ESTÉN DURMIENDO, CAMBIA EL **AZÚCAR** POR LA **SAL** Y VICEVERSA.

ESQUEMA POR SI NO HA QUEDADO CLARO

#RETOTROLL   #RETO38

CUENTA SUS REACCIONES.

_____
_____
_____
_____
_____
_____
_____
_____
_____
_____
_____
_____
_____

☐    ☐

VE A UN **DORMIMUNDO**, ÉCHATE EN UNA CAMA Y, CUANDO TE DIGAN QUE TE LEVANTES, CONTÉSTALES ↙

"¡DÉJAME 5 MINUTITOS MÁS, MAMÁ!"

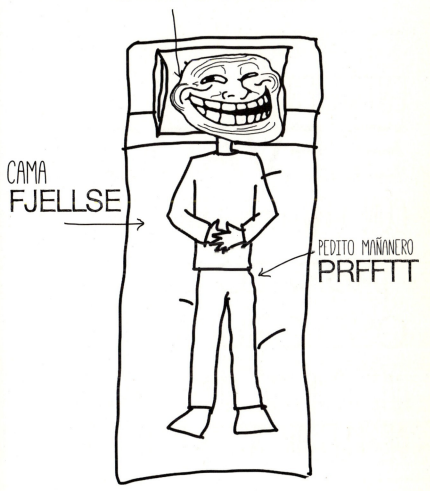

ENTRA EN UN **ELEVADOR** CON GENTE Y GRITA "¡ABRAZO DE OSO GRUPAL!" HAZ QUE SE CUMPLA ANTES DE LLEGAR A TU PISO.

VUELVE A SUBIR AL *ONE MORE TIME* ↓
ELEVADOR
CON GENTE, AHORA TIENES QUE DECIR
"¡PING!"
CUANDO LLEGUES A CADA PISO.

#RETOTROLL #RETO42

CUENTA SUS REACCIONES.

_____

_____

_____

_____

_____

_____

_____

_____

_____

_____

_____

↑
RECUERDAS PARA QUÉ ERA, ¿NO?

☐    ☐

ESCRÍBELE A TU MAMÁ
O A TU PAPÁ POR
WHATSAPP:

"ACABO DE CONSEGUIR
2 GRAMOS POR $400".

¡OJO! ¡CONSIGUE 5 PUNTOS! ⟶

#RETOTROLL #RETO043

DESPUÉS PONLE:
"¡UY, PERDÓN ESO NO ERA PARA TI!!"
Y ESPERA SUS REACCIONES.

¡OJO! ¡CONSIGUE 5 PUNTOS! ⟶

#RETOTROLL #RETO44

AGARRA UN VASO,
LLÉNALO DE AGUA,
TÁPALO CON UNA
SERVILLETA DE PAPEL,
DALE LA VUELTA Y, RÁPIDAMENTE,
COLÓCALO SOBRE LA MESA.
DEJA LA SIGUIENTE NOTA

↓

Suerte al limpiar esto :)
¡Te Quiero!
Besos.

#RETOTROLL #RETO45

POR SI ERES DE LOS QUE SOLO VEN LOS DIBUJOS EN LOS LIBROS, ESTO ES LO QUE NECESITAS.
(EL AGUA PUEDE SER DE LA LLAVE)

SI TE SALE MAL A LA PRIMERA
Y MOJAS TODO,
TE JODES

¡OÉ! ¡OÉ! ¡OÉ! ¡OÉ!

¡OÉ!

¡OÉ! ¡OÉ! ¡OÉ!

DIBUJA UNA
FALDA NEGRA,
RECÓRTALA Y PÉGALA ENCIMA DEL PICTOGRAMA DEL
BAÑO PÚBLICO MASCULINO
QUE TENGAS MÁS CERCA.

#RETOTROLL #RET046

INDISPENSABLE

RELLENA LA
PASTA DE DIENTES
DE CREMA DE OREO

MEMELLAO ↓

Y ESPERA A QUE ALGÚN FAMILIAR O TU COMPAÑERO/A DE CUARTO VAYAN A LAVARSE LOS DIENTES.

PON **BOMBITAS** PIROTÉCNICAS BAJO LA **TAZA DE BAÑO** PARA QUE CUANDO ALGUIEN SE SIENTE **EXPLOTEN**

LLENA UN POPOTE CON **CÁTSUP** HASTA LA MITAD Y MÉTELO EN LA **BEBIDA** DE TU AMIGO SIN QUE SE DÉ CUENTA.

PONTE DE
RODILLAS
EN LA CALLE Y PÍDELE
MATRIMONIO
A ALGUIEN.

VE A UNA **FARMACIA** E INTENTA COMPRAR UN PAQUETE DE **CONDONES** HACIENDO SOLO GESTOS (NO PUEDES HABLAR EN NINGÚN MOMENTO).

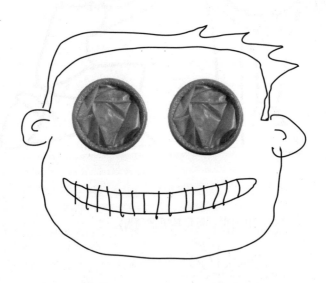

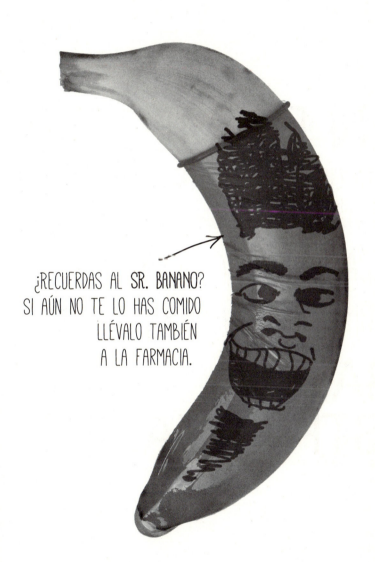

EN EL METRO

(O EN CUALQUIER SITIO DONDE HAYA UN TUBO PARECIDO AL DE UN TABLE),

TARAREA UNA CANCIÓN SEXY ACOMPAÑADA TAMBIÉN DE UN

BAILE "STRIPTEASE".

TOMA CUALQUIER TIPO DE **TRANSPORTE PÚBLICO** Y EMPIEZA A **GRUÑIR** A ALGUIEN QUE TENGAS AL LADO COMO SI FUERAS UN PERRO.

ESCRIBE EN UN
POST-IT
CÓMO QUIERES QUE SEA TU VIDA DENTRO DE DIEZ AÑOS Y LUEGO CÓMETELO.

ANTES, SÁCALE UNA FOTO DE RECUERDO.

#RETOTROLL #RETO54

INTENTA COMERTE UNA BIG MAC EN TRES BOCADOS

#RETOTROLL #RETO55

SALUDA A UN PERRO DE LA CALLE COMO SI FUERA TU AMIGO DE TODA LA VIDA QUE HACE MUCHO TIEMPO QUE NO VES:

"¡¡¡QUÉ ONDA!!!, ¿CÓMO ESTÁS? ¡¡CUÁNTO TIEMPO SIN VERNOS!!"

ESPERA LAS REACCIONES DEL DUEÑO.

O NO...

ABRAZA A SESENTA PERSONAS

EN SESENTA MINUTOS O MENOS.

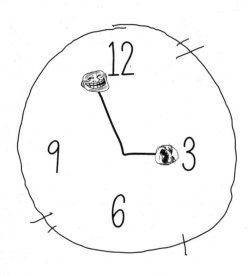

#RETOTROLL   #RETO57

SIGUIENTE...

CUECE TRES HUEVOS,

PONLOS EN UN RECIPIENTE, AÑADE UNO FRESCO Y, CON LOS OJOS CERRADOS, ELIGE TRES DE ELLOS AL AZAR Y

ESTÁMPATELOS EN LA CABEZA.

SI TIENES SUERTE, ESTAS PÁGINAS QUEDARÁN LIMPIAS; SI NO, QUEDARÁN COMO SI PIKACHU SE HUBIERA ESTRELLADO CONTRA EL LIBRO.

#RETOTROLL   #RETO58

¿CUÁNTAS GORRAS PUEDES LLEVAR PUESTAS A LA VEZ?

TÓMATE UNA FOTO Y COMPÁRTELA.
DIBUJA SOBRE ESTE GATITO ⟶
LA CANTIDAD DE GORRAS QUE TE
HAYAS PUESTO.

#RETOTROLL   #RETO59

RETO
CHUBBY BUNNY

VE METIÉNDOTE **BOMBONES** EN LA BOCA Y PRONUNCIA SU NOMBRE. EN EL MOMENTO EN QUE NO SE TE ENTIENDA PIERDES, PERO, SI LO LOGRAS **MÁS DE 10 VECES SEGUIDAS,** CONSIGUES LOS 3 PUNTOS DE TROLL.

#RETOTROLL #RETO60

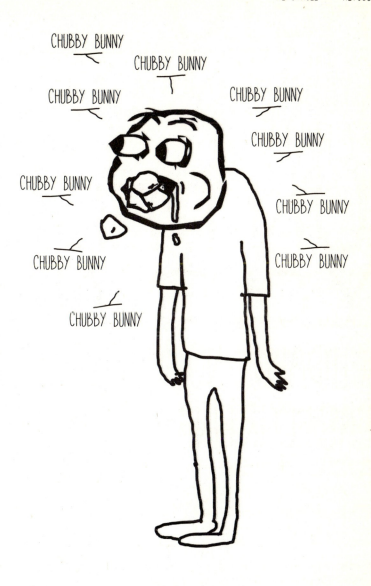

ÉCHATE UN PEDO Y QUÉMALO

¡CUIDADO, NO QUEMES LAS CORTINAS!

¡¡¡IMPORTANTE!!!

MIENTRAS CENAS O COMES EN FAMILIA HAZ LOS

GESTOS DE UN GATO

ESCRIBE LA REACCIÓN DE LOS PRESENTES.
→

SI TE PREGUNTAN "¿QUÉ DIABLOS PASA CONTIGO?" O TE DAN UN ZAPE, TE GANAS EL PUNTO.

#RETOTROLL #RETO62

_____

_____

_____

_____

_____

_____

_____

_____

_____

_____

_____

_____

↑
YA TENÍA UN RATO, ¿EH?

TOMA MAQUILLAJE
E INTENTA APLICÁRSELO A UN AMIGO O AMIGA CON LOS OJOS CERRADOS.

#RETOTROLL   #RETO63

DEJA LA MARCA DE LA CARA EN EL LIBRO.

APOYA LA FRENTE SOBRE UNA
MESA
Y, CON LA MANO CONTRARIA A LA QUE ESCRIBES Y SIN MIRAR, INTENTA ESCRIBIR AL DERECHO:

"PAREZCO RETARD INTENTANDO ESCRIBIR ESTO LOLOLOLOL". ⟶

#RETOTROLL #RETO64

☐ 　☐

DIBUJA UN
ARCOÍRIS A TU ESTILO, →

CON MERMELADAS U OTROS PRODUCTOS DEL

REFRIGERADOR.

#RETOTROLL #RETO65

☐    ☐

APUNTA CUÁNTAS HORAS SEGUIDAS PUEDES AGUANTAR VIENDO VIDEOS DE GATITOS EN YOUTUBE

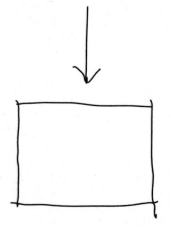

#RETOTROLL #RETO66

CÓMETE UN PUÑADO DE **GOMITAS** QUE COLOREEN TU BOCA Y **CHUPA** ESTA PÁGINA. ⟶

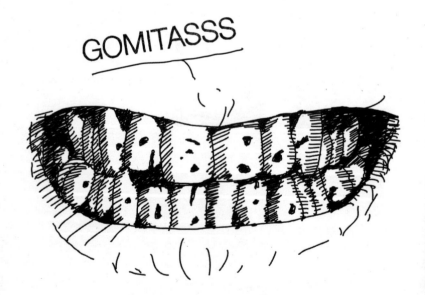

#RETOTROLL   #RETO67

PONLE PELO DE TU SOBACO A ESTE MUÑECO.

SI ERES MUJER Y TE DEPILAS, SÉ CREATIVA...

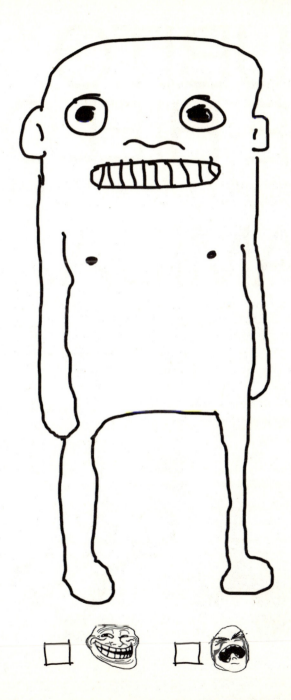

SACA UN CUBITO DE HIELO

DEL CONGELADOR Y, RÁPIDAMENTE, DALE UNA

LAMIDA.

¿CUÁNTO TIEMPO AGUANTAS CON ÉL PEGADO EN LA LENGUA? CUANDO ACABES, RESTRIEGA LO QUE QUEDE DEL HIELO EN ESTA HOJA GENTILMENTE.

¡OOOH YES!

#RETOTROLL #RETO69

VETE AL **BURGER** Y CONSIGUE DOS RODAJAS DE **PEPINILLO**. COLÓCASELAS A ESTE MUÑECO ⟶ COMO SI FUERAN **OJOS**.

#RETOTROLL #RETO70

RECORTA LOS **LENTES** →

Y SAL A LA CALLE GRITANDO

"¡TENGO RAYOS X EN LOS OJOS Y TE ESTOY VIENDO EL PENE / LA VAGINA!".

#RETOTROLL   #RETO71

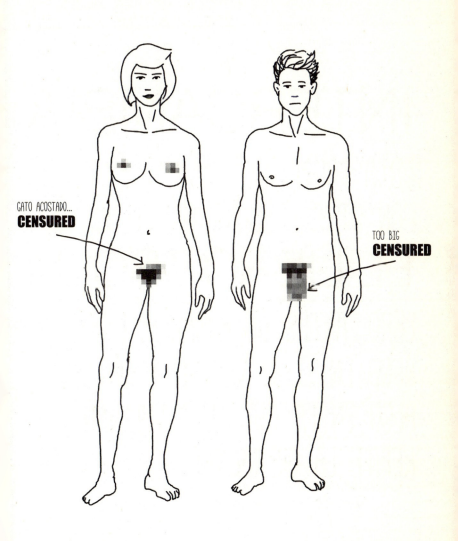

INTERCAMBIA

ESTA PÁGINA ⟶
CON OTRA PERSONA QUE TENGA
EL LIBRO TROLL,
PERO, ANTES DE PASARLA, PINTA ALGO EN ELLA. VUELVE A PINTAR ALGO EN LA QUE TE DEVUELVAN Y REPITE LA OPERACIÓN.

#RETOTROLL #RETO72

#RETOTROLL   #RETO73

_____

_____

_____

_____

_____

_____

_____

_____

_____

_____

_____

_____

_____

☐    ☐

PONTE AL LADO DE ALGUIEN QUE PASE POR LA CALLE E **IMITA SUS GESTOS**

DURANTE **MEDIO DÍA,** CADA VEZ QUE OIGAS TU NOMBRE O APODO, TIENES QUE GRITAR ⟶

RECICLA:

ESCARBA LA BASURA, RECOGE TRES COSAS Y PÉGALAS. →

#RETOTROLL #RETO76

CON UN AMIGO O AMIGA, **BUSCA UN DADO**, LÁNZALO Y, SEGÚN EL NÚMERO QUE SALGA, ELIGE LA OPCIÓN DE LA PRIMERA COLUMNA:

1. BESA

2. TOCA

3. LAME

4. MUERDE

5. HUELE

6. VUELVE A TIRAR, NO SE ME OCURRE NADA

#RETOTROLL #RETO77

VUELVE A LANZAR EL DADO, Y COMBINA LA OPCIÓN DE ESTA SEGUNDA COLUMNA CON LA OPCIÓN QUE TE SALIÓ EN LA PRIMERA TIRADA. HAZ LO QUE TE SALGA...

1. LAS NALGAS DE OTRA PERSONA

2. LA OREJA DE OTRA PERSONA

3. LA MANO DE OTRA PERSONA

4. EL PIE DE OTRA PERSONA

5. UN PERRO, GATO O CUALQUIER MASCOTA. SI NO TIENES, HAZLO CON ALGO PELUDO QUE TENGAS CERCA

6. UN CUBITO DE HIELO

¡¡¡UH, UH, UH, UH!!!

DIBUJA UN
PENE
Y RECÓRTALO →
MÉTELO EN UN BUZÓN
CUALQUIERA DE TU COLONIA

#RETOTROLL #RETO78

HAZ QUE TIENES UN AMIGO IMAGINARIO

Y PRESÉNTASELO A TUS FAMILIARES Y CONOCIDOS.

ESCRIBE LA REACCIÓN DE CADA UNO DE ELLOS. →

A CUP OF TEA, PLEASE

#RETOTROLL #RETO79

_____
_____
_____
_____
_____
_____
_____
_____
_____
_____
_____
_____
_____

↑
¡SE A IBÓ!

EXPRÍMETE
UNA ESPINILLA
EN EL LIBRO ⟶

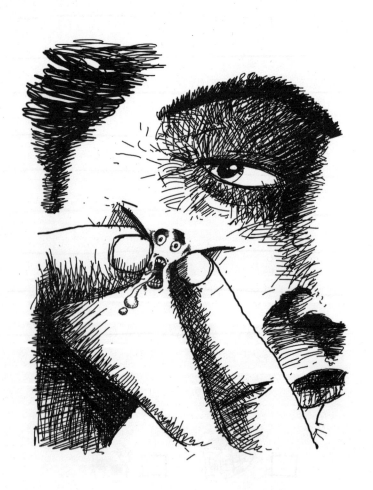

#RETOTROLL   #RETO80

ELIGE UN DEPARTAMENTO DEL **INTERFÓN.** LLAMA Y, A QUIEN TE CONTESTE, PÍDELE QUE TE DEJE PASAR. DILE QUE ES **MUY URGENTE,** UNA CUESTIÓN **DE VIDA O MUERTE.**

INSÍSTELE COMO TÚ BIEN SABES HACER.

SAL A LA CALLE CON
ZAPATOS DE
DISTINTO PAR
Y TÓMATE UNAS FOTOS
DE LOS PIES EN
CINCO SITIOS
DIFERENTES.

#RETOTROLL #RETO82

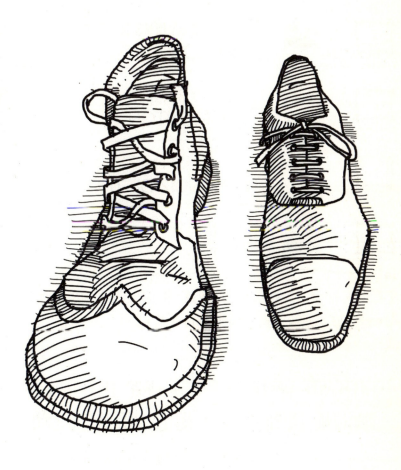

CUANDO CREAS QUE HAS TERMINADO, ANOTA AQUÍ TU NIVEL DE KARMA TOTAL

- ☐ EL QUE CONSIGA MENOS DE 20 PUNTOS
  CHILLÓN

- ☐ ENTRE 20 Y 39 PUNTOS
  DEL MONTÓN

- ☐ ENTRE 40 Y 59 PUNTOS
  APRENDIZ DE TROLL

- ☐ ENTRE 60 Y 99
  TROLL

- ☐ Y, POR ÚLTIMO, EL QUE CONSIGA LOS 100 PUNTOS
  ¡EPIC TROLL!

SI LLEGASTE HASTA AQUÍ Y TU LIBRO TROLL AÚN SE MANTIENE EN PIE, ES QUE NO LO HAS HECHO BIEN

(Y HAS HECHO LLORAR A MIL GATITOS).

¡LA PRÓXIMA VEZ, ESFUÉRZATE MÁS!

¡¡¡ HAZLO POR LOS GATITOS !!!